바보가 전하는

사랑의 마음

바보가 전하는
사랑의 마음

초판 1쇄 인쇄 2014년 5월 22일
초판 1쇄 발행 2014년 5월 28일

지은이 정상연
펴낸이 박기남

펴낸곳 **율곡미디어(주)**
주소 153-797 서울시 금천구 가산디지털1로 84. 803호
전화 02-718-9872~3
팩스 02-718-9874
등록 2008. 3. 6. 제2014-000032호
홈페이지 www.yulgokbooks.co.kr
이메일 yulgokbook@naver.com

ISBN 978-89-967806-3-2 03810

값 8,000원

바보가 전하는
사랑의 마음

정상연 지음

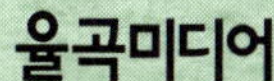

들어가는 글

아픔, 사랑, 그리움 등 마음속의 작은 태풍과 회오리들도 세월이 지나면 조금씩 가라앉고 잊혀지는가 보다. 적지 않은 나이가 되도록 살았지만 마음은 아직 어리고 여리며 쉽게 상처받는다. 그래도 여전히 어린 때의 순수한 마음으로 크게 상처받고 기뻐하고 슬퍼하고 싶다. 그리고 그 느낌의 조그만 조각들을 나름대로 정리해 보고 싶다. 언젠가 마음의 상처는 아물고 새 살이 돋아나 다시 아픔과 사랑에 문을 열게 될 것이다. 또 상처받더라도 ……

차 례

큰 욕심

아라비아의 사막 오아시스에 조그맣고 평화로운 왕국이 있었습니다. 왕국의 크기는 작았지만 주변의 사막과 어우러진 오아시스의 풍광은 기가 막히게 아름다웠습니다. 가끔 인도양에서 불어오는 안개가 왕국을 감싸고 안개비를 뿌릴 때에는 왕국 전체가 신비로운 기운에 감싸인 듯 보였습니다. 온종일 내리쬐던 강렬한 해가 뉘엿뉘엿 서쪽으로 넘어갈 때가 되면 사람들은 온종일 그들을 괴롭히던 뜨거움이 곧 잦아들 거란 희망을 품고 거리로 나와 오아시스에 눈부시게 반사되는 해에게 잠시 작별을 고하기도 하였습니다. 이 작은 왕국에 사는 사람들은 낙타를 타고 주변을 돌아다니며 장사를 하기도 하고 왕국을 지나는 상인들에게 잠자리와 먹을거리를 제공하면서 평화롭게 살고 있었습니다.

이같이 평화로운 오아시스 왕국도 자세히 들여다보면 집집마다 수많은 사연이 켜켜이 쌓여 있었습니다. 작은 왕국이라서 보잘것없는 왕권이었지만 이를 노리는 신하들도 꽤 있었습니다. 작은 왕국이라 모을 수 있는 재산도 얼마 되지 않았지만 다른 사람보다 조금 더 가진 것을 으스대며 뽐내는 속물들도 여럿 있었음은 물론이지요. 가난한 사람의 하루살이 먹을거리를 속여서 빼앗거나 훔쳐서 살아가는 도둑, 사기꾼이나 강도도 물론 있었답니다. 이들 또한 사실은 나름대로는 치열하게 살고 있는 것이었지만요.

그중 어느 도둑 둘은 항상 같이 물건을 훔치고, 훔친 물건은 사이좋게 나누어 가졌습니다. 이들은 달리 가족도 없었고 잠자리를 구할 돈도 없었기에 오아시스 근방 사막에 모래굴을 파고 그곳에서 살고 있었습니다. 그러던 어느 날 이들은 사막에서 이상한 안경을 발견했습니다. 이들은 안경을 팔아서 저녁 끼닛거리를 사기로 하였습니다. 그런데 도둑 중 하나가 장난삼아 안경을 끼고 시장 사람들을 보다가 이상한 점을 발견하였습니다.

사람마다 그림자 크기가 다르게 보이는 것이었습니다. 구걸하는 거지의 그림자는 아주 작게 나타났습니다. 어느 돈 많은 상인의 그림자는 유독 크게 나타나 보였습니다. 속임수를 잘 쓰는 어느 시장 상인을 보니 그림자가 더 크게 나타났습니다. 마침 왕의 총애를 받는 장관이 시장을 지나고 있어서 그를 보니 그의 그림자도 엄청 크게 나타났습니다. 도둑들 중 제법 똑똑한 도둑이 이내 그림자의 뜻을 알아챘습니다. 안경을 쓰면 다른 사람의 욕심의 크기가 그 사람의 그림자 크기로 나타나는 것이었습니다.

도둑들은 안경을 팔려던 계획을 바꾸었습니다. 그리고는 안경을 이용한 새로운 사업을 시작했습니다. 그것은, 돈 많은 사람들을 안경을 이용해 찾아내고 그 사람들의 집을 도둑질하는 것이었습니다. 욕심이 많은 사람들은 대개 돈을 많이 벌어서 집에 쌓아 놓는다는 점을 이용한 것이지요. 그들의 사업은 승승장구해서 편하게 먹고 살 수 있었습니다.

그러나 그들의 도둑질은 얼마 안 되어 들키게 됩니다. 어느 장관의 집을 털던 그들은 그만 경비병에게 걸려서 도망치다가 그중 한 명은 화살을 맞아 죽고, 다른 한 명은 안경을 가지고 도망갔습니다. 구사일생으로 살아남은 도둑은 생각했습니다. 도둑질은 위험하니 다른 방식으로 안경을 이용해야겠다고 …… 그래서 그는 은밀히 왕실과 접촉하려고 시도하였습니다. 도둑질로 모아놓은 금화와 은화를 뇌물로 주고 왕의 비서실장을 만났습니다. 물론 자기 신분은 사막을 여행 중인 외국의 부자로 위장해서지요. 그리고는 왕과의 면담을 부탁했습니다. 뇌물에 넘어간 비서실장은 왕과의 만남을 주선했습니다.

왕과 만난 도둑은 담대한 제안을 했습니다. 그것은, 신하들 중에 딴 마음을 가진 신하를 찾아주겠다는 것이었습니다. 자기가 사막을 여행하며 신통력을 얻어 신하들의 마음을 꿰뚫어볼 수 있다고 했습니다. 신하들이 자기를 몰아낼까봐 전전긍긍하던 왕은 도둑의 제안에 쉽게 넘어갔습니다.

왕의 신임을 얻은 도둑은 커튼 뒤에 숨어서 왕의 신하들을 살펴보았습니다. 물론 안경을 쓰고서. 그중 유독 그림자가 큰 신하 한 명을 어렵지 않게 찾을 수 있었습니다. 도둑의 신호를 받은 왕은 그 신하를 체포하라 명령했습니다. 그리고는 왕의 명을 받은 군사들이 그 신하의 집을 수색해 숨겨두었던 무기와 군사자금 등을 찾아냈습니다. 그 신하는 왕을 몰아내고 자기가 왕이 되려고 비밀리에 무기와 돈을 모으고 있었던 것입니다.

이 일로 도둑은 왕의 절대적 신임을 얻게 되었습니다. 신하들도 도둑을 크게 두려워하게 되었지요. 도둑이 하는 일은 아주 간단했습니다. 커튼 뒤에서 신하들을 살피다가 유독 그림자가 큰 신하만 찾으면 되는 것이었습니다. 그렇지만 도둑의 일거리는 금세 없어집니다. 워낙 작은 왕국이라 조사할 신하의 수도 적었으니까요.

그래서 도둑은 왕에게 다른 제안을 했습니다. 일반 시민이나 상인 중에도 욕심이 많은 사람이 있을 수 있으니 자기가 그들을 찾아내겠다는 것이었습니다. 왕은 그 제안을 받아들였습니다. 도둑은 비밀경찰의 책임자가 되어 막강한 권력을 쥐게 되었습니다. 하지만 도둑이 하는 일은 아주 간단했습니다. 변장을 하고 부하 몇몇을 거느리고 시장통을 돌아다니면 되는 것이었죠. 그러다 그림자가 큰 사람을 발견하면 잡아갔습니다. 대개 그들은 정치적 야심보다는 돈에 대한 욕심이 과한 사람들이었습니다. 왕의 입장에서는 그런 일도 크게 나쁘지는 않았습니다. 돈에 대한 욕심이 많은 사람들은 대개 왕에게 뇌물을 주고 풀려났습니다. 왕은 자기 재산을 불릴 수 있었고 도둑은 비밀경찰 책임자 자리를 계속 유지할 수 있었습니다.

그러던 어느 날 시장을 돌아다니던 도둑은 깜짝 놀랐습니다. 자기가 지금까지 봐온 것과는 비교도 되지 않을 정도로 큰 그림자를 가진 사람을 발견했기 때문입니다. 그 사람의 그림자는 온 시장을 덮을 수 있을 정도로 크고 넓었습니다. 그 사람의 직업을 확인한 도둑은 또 한번 놀랐습니다. 그는 시장 한구석에서 사람들의 발 냄새 나는 신발을 고쳐주면서 근근이 살아가는 신발수선공이었던 것입니다. 도둑은 처음에는 그 신발수선공이 신분을 숨긴 외국의 첩자이거나 혹은 지금의 왕에게 쫓겨난 왕일 거라고 생각했습니다. 그래서 서두르지 않고 은밀히 신발수선공의 주변을 조사했습니다. 신발수선공을 조사하면서 도둑은 여러 차례 더 놀라게 됩니다.

신발수선공은 외국의 첩자도 아니었고 더더구나 쫓겨난 왕과는 전혀 관계가 없었습니다. 혹시 재산을 숨겨놓은 부자인가 싶어 조사해 보았으나 그는 동료 신발수선공보다 조금 더 재산을 모으긴 했으나 그들과 마찬가지로 가난뱅이였습니다. 하루 두 끼의 식사를 거르지 않으면 정말로 감사하게 생각하는 사람이었습니다. 저녁반찬으로 생선튀김을 먹을 수 있으면 그걸로 만족하는 욕심 없는 사람이었습니다. 도둑은 점점 더 신발수선공을 의심하게 되었습니다. 무언가 큰 비밀이 있고 그 비밀을 감추기 위해 위장하고 있다고 확신했습니다.

도둑, 아니 비밀경찰 책임자는 신발수선공을 잡아다 감옥에 가두고 취조를 하기 시작했습니다. 주변사람들에게도 신발수선공의 비리에 대해 물어보았습니다. 그렇지만 신발수선공에게서는 어떤 흠결도 찾아낼 수 없었습니다. 조급해진 도둑은 신발수선공에게 스스로 알아서 큰 욕심에 대해 자백하라고 윽박질렀습니다.

며칠 동안 고민을 하던 신발수선공은 어느 날 드디어 자기 욕심에 대해 자백하기 시작했습니다. 신발수선공이 말하기를, 자기는 그것이 욕심인줄은 몰랐으나 만일 욕심이라면 현세의 기준에 비추어 볼 때 어마어마한 욕심을 가지고 있다고 하였습니다. 도둑은 드디어 큰 건을 하나 했구나 생각하며 신발수선공에게 욕심에 대해 자백하라고 윽박질렀습니다.

신발수선공이 자백한 욕심은 다음과 같은 것이었습니다. "제가 사랑하는 사람이 있습니다. 저는 그 사람을 너무나 사랑합니다. 남아 있는 삶의 기간 내내 그 사람과 사랑하고 싶습니다."

이야기를 듣던 도둑이 물었습니다. "사랑은 많은 사람들이 하는데 그게 왜 욕심인가?" 그러자 신발수선공이 답했습니다. "제 사랑이 현세에 그치지 않고 내세에도 이어지길 바라기 때문입니다. 다음 생에도 우리는 만날 것이고 또 그 다음 생에도 이어지는 사랑을 하고 싶습니다. 이것은 기적을 바라는 마음이고 또 아무에게나 허락될 수 없는 너무나 큰 욕심이기에 …… 제 욕심이 큰 것이 맞습니다."

신발수선공의 이야기를 들은 도둑은 조금 허탈해졌습니다. 그래서 엉뚱한 죄목으로 신발수선공을 처벌하기로 했습니다. 누군가를 정말로 깊이 사랑한다는 죄목으로 처벌한다는 것이 어처구니없음을 알기 때문이었지요. 그래서 신발수선공을 외국의 첩자로 둔갑시켰고 가혹하게 처벌하기로 결심했습니다.

그때였습니다. 오색의 구름이 오아시스 왕국을 덮으면서 관세음보살이 나타났습니다. 관세음보살은 인자한 미소를 띠며 신발수선공에게 말했습니다. "아이야, 외출은 재미있었느냐? 이제 누명도 벗었으니 내 곁으로 돌아오도록 해라." 아! 신발수선공은 관세음보살의 시종이었던 것입니다.

사람의 욕심을 보는 안경은 원래 관세음보살의 안경이었습니다. 그 안경이 어느 날 없어졌었고 관세음보살의 시동은 안경을 훔쳤다는 누명을 쓰고 오아시스 왕국으로 추방된 것이었습니다. 관세음보살은 이번에는 도둑에게 말했습니다. "그래, 너도 제자리로 돌아가야지." 도둑은 사실 관세음보살이 키우던 애완용 고양이였던 것입니다.

신발수선공이 말했습니다. "고맙습니다만 저는 이승에 남아 억겁의 기간 동안 지속되는 윤회의 수레바퀴를 따라가겠습니다." 그러자 관세음보살이 온화한 미소를 띠며 말했습니다. "이제 너도 사랑의 고통이 주는 참맛을 알게 되었구나. 그래, 고통은 고통대로, 환희는 환희대로 누릴 수 있게 네 사랑을 찾아가도록 해라. 그렇지만 이제 이곳에는 머물 수 없으니 네 사랑과 함께 다른 곳으로 옮겨주마."

신발수선공은 관세음보살의 온화한 미소를 보며 스르르 잠이 들었습니다. 꿈속에서도 그는 사랑하는 사람과 같이 있습니다. 잠에서 깨어나는 순간 오아시스 왕국에서의 일은 기억 저편으로 아스라이 사라질 것입니다.

내세에서도 신발수선공과 그가 사랑하는 사람은 다시 만날 거랍니다. 누가 남자로, 누가 여자로 태어날지는 관세음보살도 헷갈려 하신답니다. 그리고 또 그게 그리 중요한 일도 아니구요. 서로 사랑하는 사이에 누가 여자로, 누가 남자로 환생하느냐가 무슨 대수이겠냐는 것이 지요.

가시괴물

아득히 오랜 옛날의 이야기입니다. 높은 산들이 줄지어 있고 산들 사이에 큰 호수가 있었습니다. 봄이면 산에는 봄꽃의 향기가 가득했고, 꽃이 만발한 풍경이 호숫가에 비치기도 하였습니다. 여름에는 가끔 태풍이 와서 큰 산과 호수를 휘젓기도 하였습니다.

가을에는 따사로운 햇살이 호수와 산을 비춰주곤 했지요. 가을에서 겨울로 계절이 바뀔 때에는 호숫가에 가랑비가 내리면서 계절의 변화를 재촉하곤 했습니다. 한겨울에 호수는 꽁꽁 얼어서 어린아이들의 놀이터가 되어 주었고 때로는 얼음낚시를 하는 어른들에게 자리를 내어주기도 하였답니다.

호숫가 근처 마을 사람들은 물고기를 잡아서 먹거나 시장에서 팔면서 살았습니다. 아침에는 물고기 죽과 튀김, 점심에는 매운탕, 저녁에는 초밥, 물고기 조림 등을 해 거의 매 끼니마다 물고기를 먹었답니다. 그러다 보니 먹고 남은 물고기의 뼈가 매일 아주 많이 나왔습니다. 마을 사람들은 매일 물고기 뼈를 호숫가 근처 웅덩이에 버렸습니다. 오랜 세월이 흐르면서 웅덩이에는 물고기 가시들이 넘치도록 쌓여갔습니다.

그러던 어느 날 폭풍우가 몰아치더니 하늘에서 번개가 호숫가를 번쩍하며 내리쳤습니다. 커다랗고 무시무시한 번개가 여러 번 생선가시가 쌓여 있는 곳에 떨어졌습니다. 그러자 놀라운 일이 벌어졌습니다. 번개를 맞은 생선가시들이 하나하나 살아나기 시작하더니 이내 자기들끼리 뭉치기 시작하였습니다. 뭉친 가시들은 곧 사람의 모양으로 변하였습니다. 사람 모양을 한 가시괴물은 마을로 들어가 닥치는 대로 가축과 사람들을 잡아먹기 시작했습니다. 사람들은 칼과 창으로 가시괴물에 대항했지만 소용이 없었습니다. 칼로 가시괴물의 팔을 잘라도 가시들이 다시 뭉쳐서 팔은 금방 원래의 모습을 되찾았습니다.

마을 사람들은 공포에 잠겼습니다. 이때 야생 고양이들과 친하게 지내던 아이가 어른들에게 말했습니다. "가시괴물은 제 고양이 친구들이 해치울 수 있어요." 사람들은 믿기지 않았지만 일단 한번 그렇게 시켜보기로 하였습니다. 그 아이는 곧바로 마을 근처 숲에서 야생 고양이 친구들을 데려왔습니다. 야생 고양이들은 가시괴물을 보자 바로 달려들었습니다. 가시괴물은 팔과 다리의 가시로 고양이들에게 대항했지만 소용이 없었습니다. 고양이들은 가시괴물의 팔과 다리, 몸통의 가시들을 맛있게 먹기 시작하였습니다. 가시괴물로 변하기는 하였지만 아직 생선가시 맛이 남아 있었던 것 같지요? 순식간에 고양이들은 가시괴물을 모두 먹어치웠습니다. 마을 사람들은 야생 고양이들에게 무척 고마워했습니다. 그리고 그중 몇몇은 고양이들에게 먹이를 줄 테니 같이 살자고 부탁했습니다. 아마도 가시괴물에 크게 놀란 데다가, 괴물이 또 나타날지도 모른다고 생각한 때문이겠지요.

이때부터 사람들은 야생 고양이들과 같이 살게 되었답니다. 고양이들은 자기들이 사람들을 구해주었다고 생각하기에 다소 거만한 표정을 지으며 사람들을 대하게 되었구요. 그래서 주인(?)에게도 별로 아부하지 않고 자존심을 지키며 살고 있는 거지요.

이런 모습을 보는 개들의 마음은 편치 않았습니다. 개들은 자기 주인에게 절대 복종을 하며 살고 있었습니다. 그런데 어쩌다 한번 가시괴물을 물리쳤다고 자기 주인을 거만하게 대하는 고양이가 무척 아니꼬왔습니다. 그래서 틈만 나면 고양이를 괴롭히려고 한답니다.

가시괴물이 나타났다 사라진 이후에 마을 사람들의 행동에도 큰 변화가 생겼습니다. 그것은, 쓰레기를 아무데나 버리지 않는 것입니다. 쓰레기더미 속에서 혹시 다른 괴물들이 출현할까봐 쓰레기는 항상 봉투에 꼭꼭 넣어서 번개에 맞지 않게 쇠로 된 통 속에 넣는 것이랍니다.

잠자리의 꿈

계곡을 지나는 바람이 아직 차갑게 느껴지던 어느 봄날 나는 알에서 깨어났다. 부모님들도 잠자리였겠지만 뵌 적은 없다. 내가 알에서 깨어난 곳은 어느 산골 계곡의 차가운 물속이었다. 알 속은 조금 비좁기는 했지만 그런대로 평안하고 안온한 곳이었다. 그래서 깨어난 후 처음 얼마간은 물이 너무나 차갑게 느껴졌다. 그러나 차가운 물에도 이내 익숙해졌다.

나는 본능이 이끄는 대로 주변에서 내 먹이를 찾았다. 봄기운이 점차 퍼지면서 물속에는 내 먹이가 될 만한 작은 생명체들이 늘어갔다. 자그마한 물벼룩을 잡아먹기도 하고 무언지 모르는 작은 애벌레들을 잡아먹기도 하였다. 내 주위에는 나처럼 알에서 깨어난 잠자리 애벌레들이 여럿 있었다. 우리는 서로에 대해 궁금한 점도 많았지만 서로 물어보거나 하지는 않았다. 각자 자신의 삶을 유지하는 것도 너무나 버거웠기 때문일 것이다.

봄 햇살이 꽤 따사롭게 느껴지던 어느 날 내가 살고 있는 계곡에는 식구가 갑자기 늘어났다. 개구리 알들이 부화해서 올챙이들이 태어난 것이다. 올챙이들은 우리의 먹잇감 노릇을 톡톡히 했다. 근육에 힘이 붙고 몸이 커지면서 이제 작은 물고기들도 사냥할 수 있게 되었다. 송사리 새끼들은 큰 눈을 뜬 채 나에게 먹히기도 하였다. 때로는 스치듯 미안한 마음이 들기도 하였으나 어쩌랴! 그대를 먹지 않으면 내가 배고프고 또 힘이 떨어져서 큰 물고기의 밥이 되는 것을 ……

먹이활동이 왕성해지면서 힘이 세지고 몸이 커지는 것은 괜찮았지만 피할 수 없는 고통이 나를 기다리고 있었다. 몸이 어느 정도 커지면서 나는 내 몸속에서 하늘이 뒤집히는 듯한 변화와 고통이 자라는 것을 느꼈다. 어느 정도 몸이 자랄 때마다 나는 머리에서 꼬리까지 고통스럽게 껍질을 벗고 좀 더 커진 새로운 몸으로 태어났다. 처음의 경험은 너무도 고통스러워서 다시는 되풀이하고 싶지 않았다. 그러나 내 몸이 자라면서 고통의 순간은 몇 번이고 다시 찾아왔다.

어느 날 나는 내 몸에 지금까지와는 다른 변화가 오고 있음을 느꼈다. 앞다리가 있는 겨드랑이 부근이 가려워지면서 무언가 몸속에서 자라고 있는 느낌을 받았다. 그랬다! 나의 날개가 몸속에서 자라고 있었던 것이다. 어느 초가을 아침 나는 물 밖으로 기어 나왔다. 몸 안의 변화가 너무 급작스럽게 이루어져서 어지럽고 하늘이 노래졌지만, 있는 힘을 다해 물가의 억새풀 위로 기어 올라갔다.

새들의 눈에 안 띄게 잎새 뒤에서 나는 앞다리로 억새풀을 꽉 움켜쥐었다. 그리고 그후 몇 시간 동안 일어난 일은 사실 잘 기억나지 않는다. 나는 삶과 죽음의 경계에서 내 몸이 변하는 것을 죽을 힘을 다해 견디고 있었던 것 같다. 내 몸의 윗부분이 찢기면서 또 다른 내가 내 몸속에서 서서히 나타났다. 몸속에서 자라던 날개는 천천히 펴지고 이내 피가 돌면서 조금씩 움직일 수 있게 되었다. 마치 누군가에게 미리 배우기라도 한 것처럼 나는 힘차게 날갯짓을 하며 하늘로 날아올랐다. 높은 하늘에서 보니 내가 살던 개울가가 조그맣게 보였다. 주변을 보니 나와 같이 개울가에서 자라던 친구들도 어느새 날갯짓을 하면서 주위를 날고 있었다. 안타깝게도 몇몇은 끝내 날개를 펴는 고통의 순간을 넘기지 못하고 죽기도 하고 또 그 과정에서 사마귀에게 잡아먹히기도 한 듯하다.

나는 모기나 파리 등을 잡아먹으며 하늘을 날아다녔다. 물속에 있을 때에는 돌 틈에 숨어 있기만 하면 비교적 안전했지만 넓은 하늘에는 여기저기 모두 위험한 곳뿐이었다. 어디선가 큰 덩치의 참새가 나타나 친구들을 채가기도 하였다. 그렇게 하늘을 날며 살던 어느 날 나는 내 핏속에 무언가가 흐르는 것을 느꼈다. 그리고 내 마음이 이끄는 대로 나는 한 친구를 만나게 되었다. 우리는 서로 많은 말을 할 필요가 없었다. 서로가 원하는 것을 몸의 느낌으로 알고 있었으므로 …… 어느 틈에 우리는 짝짓기를 하고 알을 물가에 뿌리고 있었다.

그런데 이뿔사! 서로에게 너무 끌려서 주위를 살피지 못한 탓일까? 그만 무언가 둔탁하고 끈적끈적한 것이 내 몸을 강타하고 나를 끌고 가는 것을 느꼈다. 내 짝은 다행히 둔탁한 것을 피해 하늘로 날아올랐다. 아! 나는 개구리에게 잡힌 것이다. 그 친구 입속으로 들어가는 찰나의 순간에 나는 그 친구의 눈을 보았다. 무심한 눈빛이었으나 익숙한 눈빛!

그 친구는 나와 같이 계곡에서 자라던 이웃이었다. 나는 눈으로 그 친구에게 말했다. '너무 미안하게 생각하지는 말게.' 그리고 또 그 친구의 친구들을 잡아먹은 것에 대해서도 눈으로 사과했다. 굶지 않기 위해서는 어쩔 수 없었네. 내 맘을 아는지 모르는지 그 친구의 눈은 그저 무심했다. 개구리 뱃속에서 내 삶의 끈은 끊어졌지만 이상하게도 내 몸의 마디마디는 다시 살아났다. 이제 나는 개구리가 된 것이다! 나는 그의 근육이 되었다. 그의 눈이 되어 세상을 다시 보기도 한다. 내 피는 그의 자양분이 되어 다리를 움직이고 ……

개구리와 나는 하나가 되었다가 어느 날 참매에게 잡아먹혔다. 그 참매는 멀리 어딘지 모르는 곳을 향해 날아갔다. 개구리와 나는 그쯤에서 우리의 삶에 평화를 주기로 하였다. 생각해 보면 꽤 길고 고단한 삶이었던 것 같다고 생각하며 ……. 한편 나와 짝짓기한 내 친구는 물가에 있다가 잉어에게 잡아먹혔다. 그리고 그 잉어는 큰 물이 날 때 바다까지 떠내려갔다고 한다. 내 친구는 바닷가 어느 깊은 곳에서 쉬고 있을지 모른다. 우리는 언제 다시 만날 수 있을까? 만날 수 있더라도 서로를 알아볼 수 있을까? 영겁의 세월이 흐른 후에 서로를 못 알아본들 어떠리.

뱀파이어의 환생

나는 지옥계의 대마왕이었다. 수없는 악행과 만행을 거듭하던 나는 어느 날 문득 깨달은 바가 있어 악행을 멈추고 지난날을 반성하며 선행을 쌓기 시작했다. 어느덧 억겁의 세월이 흘러 나는 지난날의 과오를 어느 정도 용서받고 지하세계의 장수로 거듭났다. 그리고 염라대왕의 두터운 신임을 받고 있었다.

그때 지상계는 그야말로 아수라장이 되어 있었다. 봉인에서 탈출한 드라큘라 백작은 뱀파이어 군단을 조직하여 대대적으로 전쟁을 준비하였다. 세상에는 뱀파이어들이 넘쳐났다. 이렇게 뱀파이어들이 넘치는 세상에서 이들을 퇴치하기 위해 나는 지하세계를 떠나 지상으로 올라왔다. 염라대왕의 명령을 받고.

내 임무는 뱀파이어들을 퇴치하고 궁극적으로는 뱀파이어의 수장인 드라큘라 백작을 다시 봉인하는 것이었다. 나는 이쁘고 순수한 여인의 모습으로 목 부분을 약간 노출시킨 채 밤길을 걸으면서 뱀파이어들을 유인하였다. 활동 시기는 주로 여름이었다. 왜냐하면 목을 노출시켜서 뱀파이어들에게 미끼를 제공해야 하는데 추운 겨울에는 좀 춥기도 하고 이상하니까…….

뱀파이어들은 수시로 나를 공격했다. 내 목을 무는 순간 뱀파이어들은 내 몸속으로 빨려들어 왔다. 뱀파이어들은 내가 미끼임을 알면서도 본능과 피의 굶주림 때문에 어쩔 수 없이 계속 공격했고 그때마다 나에게 빨려들어 왔다. 꽤 오랫동안 부지런히 뱀파이어들을 빨아들인 덕분에 지상에 있던 뱀파이어들은 거의 모두 나에게 흡수되었다.

드디어 드라큘라 백작과의 운명의 만남이 이루어졌다. 나는 내가 가진 극강의 무기인 지옥계의 불채찍으로 그와 맞섰고, 그는 백련강철검으로 나에게 맞섰다. 치열한 전투과정에서 둘 다 치명상을 입었다. 내가 휘두른 불채찍에 맞은 그는 상처를 치유하기 위해 그의 관 속으로 퇴각했다. 치료를 마치려면 이제 1,000년 동안 관 속에 머물러 있어야 한다. 그래서 일단 1,000년간은 그의 만행을 막을 수 있게 된 것이다.

그렇지만 전투 중에 그가 휘두른 예리한 백련강철검도 내 가슴과 목을 관통했다. 불같이 뜨겁고 날카로운 고통을 느끼며 나는 검고 깊은 호수에 떨어졌다. 내 안에 봉인된 뱀파이어들도 나와 같이 영원히 호수 속에 잠길 운명이었다.

그때였다. 서쪽 나라의 신神이 자비로운 모습을 드러내셨다. 그리고 수많은 반생명半生命에게 자비를 베풀었다. 몸속에 봉인돼 있던 뱀파이어들은 하나둘씩 목과 가슴의 상처를 통해 모두 기어나와서 새 생명을 얻었다. 그렇지만 피를 빠는 습성은 버릴 수 없었다. 그리고 피를 빨기 위해 밤하늘을 날아다닐 때 뱀파이어의 기분 나쁜 괴성을 지금도 내는 것이다. "애앵~"

그들은 지금도 목을 드러낸 사람을 보면 지나치지 못하고 피를 빨기 위해 깊숙히 그들의 단검을 찌른다. 설사 그것이 그들 생의 마지막이 되더라도……. 여름밤을 좋아하는 뱀파이어의 습성도 그대로 닮았다.

나는 신神의 보살핌으로 상처를 치유하고 지하세계로 돌아왔다. 내가 흘린 피는 연기가 되어 날아갔다. 뱀파이어의 환생들은 내 피가 변한 연기를 아주 싫어한다고 한다. 환생한 뱀파이어들은 냄새나는 목덜미를 특히 좋아한다. 그러므로 뱀파이어 환생에게 물리지 않으려면 목과 팔 등을 깨끗이 씻어야 한다.

사랑의 수목원

넓고 넓은 태평양 바다 한가운데에 제법 큰 섬이 있습니다. 그 섬에는 옛날부터 외부와 격리된 조그만 왕국이 있었습니다. 왕국에 사는 사람들은 평화롭게 살았습니다. 그런데 오랜 기간 동안 외부와 격리되어 살다보니 사람들에게 특별한 능력이 생겼습니다. 그것은 식물, 특히 나무들과 교감할 수 있는 능력이었습니다.

사람들은 나무를 많이 가꾸었습니다. 그리고 자기가 좋아하는 나무를 쓰다듬으며 자기 고민을 털어놓기도 하였습니다. 그러면 여기에 화답하듯이 나무들은 은은한 향과 무언의 말, 향기로운 피톤치드 발산, 바람에 떨리는 잎의 움직임 등으로 자기 의견을 얘기하였습니다. 나무들은 또한 삶에 지친 사람들을 위로하기도 하였습니다.

섬에는 사랑의 수목원이 있었습니다. 그곳에는 수많은 종류의 나무들이 자라고 있었고, 묘목원도 있었지요. 참나무, 소나무, 전나무, 단풍나무, 대나무, 바오밥나무, 느티나무, 느릅나무, 은행나무, 목련, 개나리, 진달래, 벚나무, 망그레브 나무 등등 ……

섬 아이들은 사춘기가 되면 수목원에서 두 종류의 나무 묘목을 받아

와서 각자 자기 집 뜰에서 키웠습니다. 그리고 나무들과 매일 무언의 대화를 하였습니다. 그러면 나무의 정령은 어느새 아이들의 마음과 몸속으로 들어가 아이 마음의 일부가 되었답니다.

귀엽고 지혜로운 어느 소년은 사춘기가 되자 섬의 여느 아이들과 마찬가지로 수목원에 들러 두 가지 묘목을 받았습니다. 그 소년이 선택한 묘목은 참나무오크 묘목과 대나무 묘목이었습니다. 소년은 대나무와 참나무 묘목을 정성스럽게 키우며 나무들과 대화를 했답니다. 소년의 심성은 점차 대나무와 참나무를 닮아갔습니다.

그러던 중에 소년은 아름다운 소녀를 만나 서로 사랑하는 사이가 되었습니다. 물론 소년의 사랑은 대나무를 닮았고 또 참나무를 닮았답니다.

소년의 사랑은 대나무를 닮았습니다. 대나무는 오랜 기간 동안 땅속에서 은인자중하고 있지만 자랄 때가 되면 땅을 박차고 나와 하늘을 향해 눈부신 속도로 자라는 특성을 가졌습니다. 하늘을 향해 거침없이 솟아나는 대나무처럼 소년은 자신이 사랑하는 소녀에게로 거침없이 다가갔습니다. 물론 그전에 꽤 오랫동안 소녀에게 다가가기 위한 준비를 하긴 했지만 처음 만남에서부터 무언가에 끌린 것처럼 소녀의 머리칼을 쓰다듬기도 했답니다. 소년의 사랑은 하늘을 향해 죽죽 뻗는 대나무처럼 직선적이고 강직합니다. 그러면서도 욕심을 버리고 자신을 비웠습니다. 마치 대나무 속이 비어 있는 것처럼.

소녀에 대한 사랑은 강렬하지만 절제가 부족하지는 않답니다. 마디 있는 대나무처럼, 사랑을 절제할 줄도 알지요. 소녀에 대한 사랑의 단단함은 강철검도 견디는 대나무 겉을 닮았습니다.

소년의 사랑은 참나무를 닮았습니다. 더운 여름과 추운 겨울을 버티며 참나무는 매년 나이테를 하나씩 늘려갑니다. 날이 추우면 나무는 더 단단해지지요. 소녀와의 사랑이 항상 순탄하기만 할 수는 없겠지요. 사랑이 어려움에 처했을 때에도 소년은 꿋꿋하게 중심을 잡으며 사랑의 나이테를 하나씩 늘려나갔습니다.

사랑이 켜켜이 쌓인 나이테가 어느 정도 두께가 되었을 때 마침내 참나무는 오크통으로 변신할 겁니다. 소년은 그 오크통에서 사랑의 포도주 혹은 위스키를 숙성시킬 겁니다. 오크통에 있는 사랑의 향은 그대로 포도주로 옮겨갈 겁니다. 그래서 소녀와의 사랑이 완숙되었을 때 소녀와 소년은 사랑의 포도주 혹은 위스키로 같이 건배하며 자기들이 지나온, 그리고 앞으로 갈 사랑의 여정을 음미하며 축복할 것입니다.

(여담)

소녀와 소년들은 한 사람이 두 가지 묘목만 선택할 수 있답니다. 욕심이 지나친 소녀 소년들은 여러 가지 묘목들을 더 훔쳐다 심기도 하였답니다. 사랑을 더 풍성하게 하기 위해서. 그러나 그렇게 욕심을 부린 소녀 소년들은 대부분 사랑의 어려움을 겪었답니다. 그건, 성질이 조화되지 않는 나무들을 같이 키웠기 때문이지요. 예를 들면 봄에 피는 목련과 가을에 아름다운 단풍나무를 같이 키운 아이들은 사랑의 엇박자에 고생하곤 했답니다. 어떤 아이들은 눈앞의 즐거움에 취해서 벚나무를 선택하기도 했는데 화려하긴 하지만 순간적으로 지나가는 즐거움 뒤에 무미건조한 지루함이 기다리는 사랑으로 이어지기도 하였답니다.

이제 고향으로 돌아가고 싶구나

내 고향은 이제는 아스라한 꿈속에서나 갈 수 있는 아득히 먼 거인족의 파라다이스이다. 그곳에는 순수한 마음과 영혼을 가진 거인족 천사들이 살고 있었다. 나는 그중 한 천사의 귀여움을 받으며 살고 있었다. 그 천사는 머나먼 세상의 갖가지 신비한 얘기들을 나에게 들려주기도 하고, 또 때로는 지옥 불에 떨어진 존재들의 처참함에 대해서도 얘기를 해주었다. 그런 얘기를 들으면 며칠씩 무서움에 떨기도 하였다. 나는 거인들 사이에서 귀여움을 받는 마스코트 같은 존재였으며, 파라다이스의 이곳저곳을 마음껏 돌아다니며 인생의 희열과 안온함, 행복을 누리고 있었던 것 같다. 사실 그때는 내가 행복하다는 사실도 잘 몰랐으며 온 세상이 그러한 열락으로 가득 차 있다고 막연하게 생각했었다. 나중에서야 세상이 그렇지 않다는 것을 알게 되었고 다시 파라다이스로 돌아가기를 열망하였으나 그때는 이미 때가 늦었으니……

거인족 파라다이스에서의 내 모습은 조그만 멧돼지를 연상하면 될 것이다. 귀여운 송곳니가 앙증맞게 나와 있었다. 나의 친구이자 주인은 때때로 그 송곳니를 부드럽게 쓰다듬어주곤 했다. 나는 천국의 연못가에 있는 은색 진흙탕에서 진흙목욕을 즐겼다. 어떤 때는 진흙 속에서 낮잠을 자기도 하였다.

그날은 파라다이스의 분위기가 다른 날과 달랐다. 정원을 관리하는 천사들도 무언가에 정신을 빼앗긴 듯 넋이 나가 있었다. 그랬다. 천국과 지옥의 전쟁이 그날 시작된 것이다. 천국에서 쫓겨나서 지옥으로 떨어진 루시퍼와 그 일당들은 억겁의 세월 동안 복수를 꿈꾸며 준비를 하다가 그날 천국에 대한 선전포고를 한 것이다. 파라다이스의 천사들도 천국 군대에 징집되었다. 파라다이스의 몸집 큰 동물들도 천국 군대에 징발되었다. 나는 몸이 작아서 징집대상에서 제외되었다. 그러나 나의 주인은 얼마나 오랜 세월이 걸릴지 모르는 전쟁에 나를 데리고 가고 싶어했다. 아마도 피비린내 나는 전쟁터에서 외로움을 쫓고 마음의 위안을 얻으려 했던 것 같다.

주인천사가 나를 찾았을 때 나는 막 진흙목욕을 마치고 기분좋게 잠들려는 참이었다. 나는 짐짓 잠든 체하고 있었다. 주인은 간절한 목소리로 나를 찾았다. 지금 생각해보면 물론 내가 어디 있는지도 알았을 것이고 내가 잠들지 않았다는 것도 알았을 것이다. 천사이므로 …… 그러나 나는 언제 끝날지 모르는 전쟁터에 나가는 것이 너무도 무서웠고, 파라다이스를 떠나는 것에 막연한 불안감을 느꼈다. 주인천사는 더 이상 지체할 수 없어 전쟁터로 떠났고 나는 스르르 다시 잠이 들었다. 그런데 이 광경을 파라다이스의 최고책임자인 대천사가 보고 있었던 것 같다.

다음에 나에게 일어난 일들은 자세히 얘기하기 주저된다. 대천사는 나를 괘씸하게 생각하고 그대로 흰 진흙 속에 영원히 잠들게 하였다. 한편 주인천사는 악마들과의 전쟁에서 용감히 싸워 큰 공을 세웠으나 그만 치명적인 부상을 당하여 천사로서의 삶을 마치게 되었다. 그런데 나와 무언가가 통하였던 것일까. 주인천사는 영혼이 스러지는 순간에 대천사에게 영혼의 마지막 힘을 다하여 나를 부탁하고 떠났다. 대천사는 나를 여전히 괘씸하게 생각하였으나 주인천사의 부탁은 외면할 수 없었나보다. 나를 잠에서 깨우면서 아래의 세속세계로 쫓아 보냈다.

나는 은색 진흙 속에서의 억겁의 잠에서 깨어났다. 은색 진흙을 털고 본 세속은 파라다이스와는 너무도 다른 세계였다. 나는 힘들여 몸에 묻은 진흙을 털어냈다. 그러나 얼굴은 잠들면서 진흙 속에 너무 오래 파묻혀 있어선지 진흙덩어리에서 잘 떼어지지 않았다. 억지로 진흙 속에 파묻힌 얼굴을 꺼내는 동안에 내 코는 그만 길게 늘어나 버렸다! 어쩌나!

힘없이 주변을 어슬렁거리며 보니 이곳의 동물들은 천국의 동물들과는 너무나 비교되게 남루하고 천박하며, 야비하게 느껴졌다. 그리고 또 나는 내 몸에 큰 변화가 생긴 것을 발견했다. 나는 주변의 다른 어떤 동물들보다도 큰 덩치를 가지고 있었다. 아! 나는 거인국의 파라다이스에서 왔구나! 뽀얗던 내 피부는 진흙같이 거친 피부로 변해 있었다. 그런데 진흙 판에서 얼굴을 떼어내다 늘어난 코는 나름대로 쓸모가 있었다. 나는 물을 마실 때나 먹이를 먹을 때 비굴하게 얼굴을 숙이지 않아도 되었다. 큰 코를 높이 세우면 어느 누구도 감히 내게 도발할 생각을 하지 못했다. 나는 깨달았다. 이 모든 것이 대천사의 조그만 (나에게는 무척 큰) 배려였다는 것을 …… 지상에서의 삶은 무척 고단하지만 그런대로 견딜만하다. 그래도 나는 마음속에 막연한 그리움이 있다. 내 고향 거인족의 파라다이스로 돌아가고 싶구나.

(후기)

거인족 파라다이스에 있다가 천국과 지옥의 전쟁에 출정한 천사 중 상당수는 용감히 싸우다 전사했다. 그리고 그들은 대천사와 고귀한 신의 배려로 인간 세상에 고귀한 신분으로 다시 태어났다. 부처[싯다르타]의 어머니도 거인족 파라다이스의 여자천사였는데 여전사로 참전했다 전사하여 인간으로 환생한 것이다. 그녀는 부처를 임신했을 때 코끼리가 몸으로 들어오는 꿈을 꾸었다고 한다. 사실은 거인족 파라다이스에서 우리들[애완코끼리]을 가슴에 안고 지내던 꿈, 고향에 대한 그리움을 꾼 것이다. 다만 대천사의 계획에 의해 우리에 대한 모든 꿈과 생각이 지상의 코끼리로 바뀐 것뿐이다. 파라다이스의 존재가 알려지는 것을 원치 않았기에.

첫 키스의 추억

깊은 꿈속에서 나는 미래의 나로 환생하였다. 그리고 드디어 나의 사랑을 다시 만났다. 미래에 그와 나는 현세에서의 사랑이 이어지며 다시 서로 사랑하는 사이가 되어 있었다. 내가 여자였는지 남자였는지는 잘 기억나지 않는다. 아무튼 우리는 다시 서로 사랑하는 사이가 되어 있었다.

그리고 미래의 우리는 서로를 첫사랑의 상대로 만났다. 처음 만나긴 하였지만 현세에서의 사랑의 느낌이 전해져서인지 서로에게 바로 끌렸던 것으로 기억된다. 그렇지만 우리 서로가 과거[지금]의 삶에 대해 느낌으로라도 알고 있었는지는 잘 기억나지 않는다. 미래의 첫 만남의 느낌이 너무도 강렬해서 과거의 삶에 대한 기억이 살아날 틈이 없었던 것 같기도 하다.

안타깝게도 깊은 꿈속의 시간은 너무도 빨리 흘러 나는 서둘러 현세로 돌아와야 했다. 서둘러 오는 사이에 미래의 삶에 대한 내 기억은 모두 지워진 것 같다. 다만 그[그녀?]와의 첫 키스의 순간은 두근거림과 함께 생생하게 느낌이 남아 있다.

그가 나를 끌어당겼는지 내가 그를 먼저 안았는지는 잘 기억나지 않는다. 찰나의 순간이면서도 시간이 멎은 듯 영원의 시간으로 기억되는 순간. 내 심장박동은 터질 듯이 빨라지고 또 그[그녀]의 두근거림은 숨결로 전해지고. 온몸의 모든 감각기관은 예민해질 대로 예민해진 채 서로의 손길의 느낌, 촉촉한 입술의 촉감이 온몸에 퍼지던 그 순간.

깊은 꿈속의 시간은 너무나 빨리 흘렀고, 나는 서둘러 현세로 돌아와야 했다. 그건 아마도 미래의 사랑이 현세의 사랑을 방해하지 못하게 하려는 신의 배려일 거라고 생각하며.

찔레꽃

야트막한 산들이 연이어 있는 아늑한 산골에서 있었던 이야기입니다. 맑은 물이 흐르는 시냇가에 찔레꽃 한 무더기가 살고 있었습니다. 봄이 되면 눈부시게 새하얀 찔레꽃들이 가녀린 줄기를 따라 흐드러지게 피었습니다. 점차 푸른 빛을 더해가는 늦은 봄의 산기슭에는 다른 많은 꽃들이 자태를 뽐내기도 하였죠. 그렇지만 그중에서도 찔레꽃은 눈이 부시게 아름다웠습니다. 밤이 되면 달빛을 받은 찔레꽃은 은은함이 더해져서 더욱 고결한 자태가 되었습니다.

찔레꽃을 유난히 좋아하는 소년이 있었습니다. 소년은 찔레꽃 무더기로 와서 찔레꽃에게 말을 걸고 고민을 털어놓으며 대화를 하였습니다. 그렇지만 찔레꽃들은 소년을 그다지 좋아하지 않았습니다. 왜냐하면 가끔 소년은 찔레꽃을 뭉텅이로 꺾어 꽃들에게 상처를 주었기 때문입니다. 그래도 소년은 나름대로 날이 가물 때에는 찔레꽃에게 물을 길어다 주기도 하였기에 꽃들도 가시를 곧추세우고 소년을 대하지는 않았습니다.

어느 해 큰 비가 멈추지 않고 계속 내렸습니다. 시냇가의 맑은 물은 곧 소용돌이를 만들며 세차게 흐르는 급류가 되었습니다. 급류는 개울가 주위의 모든 꽃과 나무들을 사정없이 휩쓸고 지나가면서 탁류로 변했습니다. 찔레꽃도 탁류에 휩쓸려 떠내려갔습니다. 그때 소년이 나타났습니다. 소년은 통나무를 타고 찔레꽃을 구하러 나섰습니다. 그러나 소년도 그만 급류에 휘말리고 말았습니다.

급류에 휘말려 떠내려가면서도 소년은 찔레꽃에게 다가갔습니다. 마침내 소년은 찔레꽃 더미를 품에 안을 수 있었습니다. 그러나 탁류에 휘말린 찔레꽃과 소년은 어딘지 모를 곳으로 끝없이 흘러갔습니다. 소년은 찔레꽃을 놓치지 않으려고 힘껏 가슴에 껴안았습니다. 그러는 중에 찔레꽃 가시는 소년의 가슴에 깊숙이 박혔습니다.

계속 떠내려가던 찔레꽃과 소년은 큰 강가의 모래둔덕에 다다랐습니다. 소년은 모래둔덕에 찔레꽃 무더기를 심었습니다. 그리고는 이내 탈진해 쓰러졌습니다. 가슴에 난 상처로 너무 많은 피를 흘렸기 때문입니다.

모래둔덕에 심겨진 찔레꽃은 그전보다 더욱 튼튼하게 뿌리를 내리고 쑥쑥 커갔습니다. 그리고는 그전보다 더욱 크고 또 모두의 가슴을 불태울 듯한 정열의 붉은 색 꽃을 피워냈습니다. 특히 소년의 심장에 뿌리를 내린 줄기에서는 그중에서도 가장 아름다운 꽃이 피어났습니다. 사람들은 이 꽃을 장미라고 불렀습니다.

사람들은 소년의 가슴에서 흘러내린 피가 장미의 붉은 색이 되었다고 이야기했습니다. 그러나 사실은 소년의 피는 꽃의 튼튼한 가시로 환생한 것입니다. 그래서 어떤 사람들은 소년의 질투심이 장미가시로 환생한 것이라고 얘기했습니다. 이 꽃을 꺾으려는 다른 사람들이 가시에 찔리도록 했다는 것입니다.

그러나 사실 소년의 생각은 달랐습니다. 소년의 생각은, 가시에 찔릴 위험을 무릅쓸 수 있는 용기 있는 자만이, 자신이 사랑한 꽃에 다가올 수 있게 하려는 것이었습니다. 자신이 사랑한 꽃의 품격을 지키고 싶은 소년의 깊은 사랑이 스스로를 가시로 거듭나게 했던 것입니다.

어느 사랑의 이야기

푸르른 하늘 아주 멀리에 하늘나라가 있었습니다. 하늘나라에는 신선족과 천사족이 살고 있었습니다. 두 종족은 생김새도 거의 비슷하고 성향도 비슷해서 평화를 사랑하고 선한 일을 하고 악을 미워하였습니다. 두 종족은 각자의 신을 도와서 하늘나라와 지상세계가 평화롭게 유지되도록 하였으며 지하세계에 갇힌 악령들의 힘이 커지지 않게 관리하는 일도 맡아서 했습니다. 그런데 두 종족은 서로 반갑게 인사하고 친하게 지내기는 하였으나 그 이상 서로 가까워지려 하지는 않았습니다. 왜 그런지는 사실 아무도 모르고요.

그러던 어느 날 신선족의 늠름한 한 청년과 천사족의 고귀한 기품의 아리따운 처녀가 서로를 사랑하게 되었습니다. 둘은 하늘나라에서 서로 스치듯 지나치는 사이에 무언가에 끌리듯 서로에 대한 사랑의 불씨를 키웠고 급기야 그 불씨는 활활 타오르는 사랑의 불꽃이 되었습니다.

둘의 뜨거운 사랑은 이내 하늘나라에 알려지게 되었습니다. 그러자 신선족과 천사족들은 둘을 처벌해야 한다고 목소리를 높여 주장했습니다. 그러자 신선족과 천사족의 신들은 난처한 입장이 되었습니다. 둘의 사랑이 관례에 어긋나기는 하였으나 딱히 둘의 사랑을 금지하는 하늘나라의 법도도 없었으니까요. 그래서 신선족과 천사족의 신들은 궁여지책으로 둘을 지상의 인간세계로 추방하기로 결정하였습니다.

사랑하는 둘은 신들에게 강력하게 항의하였답니다. 둘의 사랑이 하늘나라에 어떤 피해를 미치는 것도 아니고 둘의 사랑을 금지하는 그 어떤 하늘의 법률도 없었으니까요. 곤란해진 두 신은 궁여지책으로 둘에게 다음과 같은 제안을 하였습니다. 그것은, 지상의 인간세계로 가면 둘이 헤어지지 않고 같은 공간에 머무를 수 있게 해주겠다는 것이었습니다. 신들의 끈질긴 설득에 결국 둘은 그 제안을 받아들여 지상세계로 내려갔습니다.

지상세계에서 둘 중 한 명은 히말라야 산중에 있는 어느 은둔왕국의 고귀한 신분의 왕자로 태어났습니다. 그리고 다른 한 명은 같은 왕국에서 평범한 집안의 기품있고 우아한 미모의 아가씨로 태어났습니다. 누가 누구인지는 신들도 정확히 알지 못했답니다. 물론 둘은 자기들이 하늘나라에서 추방된 사실은 전혀 모르고 있었지요. 어느 날 왕자가 평복으로 위장하고 시장을 돌아보고 있었습니다. 그러다가 마침 생선을 다듬고 있던 아가씨를 만나게 되었습니다. 그리고는 무언가에 끌리듯 한눈에 반해서 그 아가씨를 사랑하게 되었습니다. 아가씨도 평복을 한 왕자를 보는 순간 바로 사랑하게 되었답니다. 어쩌면 당연하겠지요. 하늘나라의 인연이 이어진 것이니까요.

왕자는 매일 이런저런 핑계를 만들어서 시장으로 나와 아가씨를 만났습니다. 같이 생선을 팔기도 하고, 창란젓도 만들고, 생선비늘을 다듬기도 하며 아가씨와의 사랑을 키웠습니다. 아가씨에게는 자신의 신분을 숨기고 그냥 평범하고 조금은 찌질한 사람으로 위장하고서. 아가씨는 이런저런 자질구레한 조건에 구애받지 않고 그냥 무조건 왕자를 사랑했습니다.

안타깝게도 둘의 만남과 행복은 그리 오래 가지 못했습니다. 매일 밖에 다녀온 왕자에게서는 생선비린내가 났던 것입니다. 부왕은 그래도 생각이 깊은 아버지였던지라, 어느 날 조용히 왕자를 불러서는 만나는 아가씨가 어느 귀족의 아가씨인지 물었습니다. 왕자의 사랑을 최대한 보장해주겠다는 약속과 함께. 그렇지만 이해심 깊은 부왕도 왕자가 만나는 아가씨가 생선장사를 한다는 얘기를 듣고는 얼굴색이 변했습니다. 그리고는 당장 아가씨와 헤어지라고 엄명을 내렸습니다.

마침 그해 봄은 유난히 일찍 찾아와서 꽃들이 일찍 피고는 다시 피지 않고 큰 흉년이 들었습니다. 왕국의 사람들은 굶기를 밥 먹듯 하며 지내야 했고 많은 사람들이 굶어죽게 되었습니다. 이때 왕국에서 소문난 부자인 어느 귀족이 왕에게 다가와서는 자신의 딸과 왕자를 결혼시키자고 제안했습니다. 결혼이 성사되면 자기 재산의 절반을 처분해서 굶는 사람들에게 먹을 것을 주겠다는 제안과 함께. 고민 끝에 왕은 왕자를 불러 전후사정을 얘기하고 왕자가 귀족의 아가씨와 결혼해줄 것을 부탁했습니다. 며칠 동안 고민하던 왕자는 마침내 부왕의 제안을 받아들여 귀족 아가씨와 결혼하기로 하였습니다. 그리고는 생선장수 아가씨에게는 결별을 선언했습니다. 귀족은 약속대로 먹을 것을 사람들에게 나누어주었고, 배고픔에 시달리던 사람들은 배고픔에서 해방되었습니다.

한편 연인으로부터 헤어지자는 청천벽력같은 얘기를 들은 아가씨는 그날로 앓아누웠습니다. 그리고는 시름시름 앓다가 그만 세상을 떠났습니다. 죽어가는 순간에도 아가씨는 평민으로 위장했던 왕자를 못 잊어서 어떻게든 왕자를 만나고 싶어 했습니다. 하늘나라에서 이를 지켜보던 신들은 안타까워하며, 아가씨를 치명적인 매력을 지닌 꽃으로 환생시켰습니다. 그리고는 왕궁과 시장이 내려다보이는 절벽에 피어나게 했습니다.

절벽에 핀 치명적인 매력의 꽃에 대한 소문은 곧 왕국 내에 널리 퍼졌습니다. 귀족 아가씨의 귀에도 이 소문이 들어갔고요. 결혼식을 앞두고 있던 아가씨는 왕자를 졸라서 절벽의 꽃을 구경가자고 했습니다. 둘은 절벽의 꽃을 보자마자 바로 꽃에 이끌렸습니다. 특히 왕자가 더. 귀족 아가씨는 왕자에게 절벽의 꽃을 따다 달라고 다소 무리한 요구를 하였습니다. 위험하기는 하였지만, 왕자도 꽃의 매력에 이끌렸던지라 꽃을 따기 위해 절벽을 내려갔습니다.

그러다가 그만 발을 헛디딘 왕자는 절벽에서 미끄러져 떨어지게 되었습니다. 그대로 떨어지면 수백 미터 절벽 아래로 떨어져 몸이 아마도 산산조각이 났을 겁니다. 그때였습니다. 왕자는 떨어지는 와중에도 꽃에 다가갔고, 그리고는 꽃의 뿌리를 힘껏 잡았습니다. 사람들이 꽃에만 신경을 쓰다 보니 잘 보지는 못했지만, 절벽의 꽃은 뿌리도 무성하게 주위로 뻗어 있었고, 마침 왕자는 그 뿌리를 힘껏 잡은 것입니다. 그러자 신기한 일이 벌어졌습니다. 꽃의 뿌리도 왕자를 감싸 안아 왕자가 떨어지지 않게 잡으려 하는 듯했습니다.

그렇지만 안타깝게도 왕자와 꽃은 같이 절벽을 미끄러져 내리며 절벽 아래 강물로 떨어졌습니다. 그래도 꽃의 뿌리를 잡고 있었기에 천천히 떨어져서 왕자의 몸은 온전할 수 있었습니다. 왕자와 꽃은 강물을 따라 하염없이 흘러내려갔습니다. 마침 그때 강의 상류인 히말라야 산맥에 큰 홍수가 나서 강물이 불어나 있었습니다.

그러다가 둘은 어느 모래톱에 다다랐습니다. 강을 따라 떠내려가는 사이에 왕자는 안타깝게도 물을 많이 마셔서 그만 죽고 말았습니다. 치명적 매력을 지녔던 꽃도 여기저기 바위에 부딪치고 하는 사이에 꽃잎들은 떨어져 나가 버리고 볼품없는 모습이 되었습니다. 그래도 뿌리는 왕자를 포근히 감싸고 있었지요. 이후 꽃은 왕자를 둘러싼 뿌리를 더욱 깊이 모래톱에 내리고 잎을 키우며 살았습니다.

다음해부터 모래톱에서 자라는 뿌리에 신기한 열매가 맺기 시작했습니다. 보드라운 속껍질과 단단한 겉껍질이 있는 열매였습니다. 마치 꽃의 뿌리가 왕자를 꽉 감싸 안아 보호하지만 숨이 막히지 않게 하는 듯했지요. 단단한 겉껍질 안에는 향기로운 즙이 있고, 영양가 많은 열매가 열렸습니다. 그것도 줄줄이 …… 사람들은 모래톱의 식물 뿌리를 구해 척박한 땅에 심어서 뿌리에 열리는 열매를 먹기 시작했습니다. 때로는 열매에서 기름을 짜서 저녁 식탁에 오를 생선을 튀기는 데 쓰기도 했습니다.

열매가 되어서도 왕자와 아가씨는 하나입니다. 열매는 부드러운 속껍질로 싸여서 그 향과 맛을 오래 보존할 수 있었습니다. 사람들이 열매를 먹는 마지막 순간에야 둘을 떼어놓을 수 있었답니다. 이후 사람들은 둘의 치명적인 사랑을 떠올리며 그 열매를 먹는답니다. 둘을 떼어놓는데 대해 미안함도 느끼면서 ……

거북이의 고백

사람들에게 나는 느린 동물로 알려져 있다. 그렇지만 나는 지상계의 어떤 동물보다도 빠르다. 다만 그 빠름을 드러내지 않고 있을 뿐이다. 신과의 약속을 지켜야 하기 때문이다.

내 고향은 천상계이다. 나는 옥황상제와 천상계를 지키는 천군天軍의 책임자였다. 지옥계와의 전쟁에서 내가 큰 공을 세우자 옥황상제는 어떤 무기도 뚫을 수 없는 견고하고 가벼운 방패를 내게 선물하셨다. 나는 방패를 항상 몸에 지니고 다녔으며 자유자재로 몸의 크기도 조절할 수 있었다. 또한 공중을 빛의 속도에 버금가는 빠른 속도로 날아다닐 수도 있었다.

천상계와 지옥계의 억겁에 걸친 전쟁은 마침내 천상계의 승리로 막을 내렸다. 자비로운 옥황상제는 지옥계에 대해 비교적 가벼운 징벌을 내리셨다. 지옥계 책임자들의 품계를 한 단계씩 강등시켰으며, 실무자들에게는 3개월 정직에 보너스 회수 정도의 가벼운 처벌을 내리셨다.

자비로운 옥황상제는 천상계와 지옥계의 평화가 지속되기를 염원하셨다. 그래서 전쟁에 진 지옥계의 수장들을 천상계로 불러 위로연도

베풀어 주셨다. 그 위로연이 내 삶에 크나큰 변화를 가져올 줄을 나는 미처 몰랐다. 위로연 중 천상의 도화주천 년 묵은 복숭아로 담근 술를 취하도록 마신 지옥계의 어느 장수가 술주정을 하며 분위기를 흐트러뜨렸다. 그러더니 큰 소리로 떠들며 천상계와 옥황상제의 존엄을 모독하기도 하였다. 나는 이를 그냥 두고 볼 수 없어 가볍게 말로 주의를 주었다. 그러자 그 지옥계 장수는 지옥검을 들어 상을 흐트러뜨리며 행패를 부리기 시작하였다. 나는 나의 천검으로 그자를 상대하여 지옥검을 휘두르는 그자의 팔을 베었다. 그것으로 잠시의 혼란은 수습되었다.

문제는 그 다음이었다. 지옥계 장수들은 일제히 술 취한 자에 대한 내 처사가 지나치다고, 오히려 적반하장의 주장을 하며, 나를 벌하지 않으면 평화협정사실은 그들의 항복을 파기하겠다고 억지주장을 하기에 이르렀다. 난감한 상황에서 옥황상제는 나와 잠시 면담을 하셨다. 그리고는 잠시 천상을 떠나 지상계에 머물러줄 것을 부탁하셨다. 옥황상제의 간절한 눈빛을 본 나는 차마 거절할 수 없었다. 지옥계와의 새로운 전쟁이 지상계와 천상계의 보통의 삶에 미칠 피해를 우려하는 그분의 마음을 너무나 잘 이해했기 때문이다.

그렇지만 나는 나의 소임을 정당한 절차에 따라 집행한 당당함을 잃지는 않았다. 옥황상제도 그 점은 잘 알고 계셨다. 나는 옥황상제가 내게 하사한 방패를 그대로 가지고 지상계로 내려올 수 있었다. 자유자재로 날 수 있는 능력, 몸 크기를 자유자재로 조절할 수 있는 능력도 그대로 가지고 지상계로 내려가도록 허락되었다. 다만 내 능력이 지상계의 인간이나 다른 동물에게 발각되면 안 된다는 조건과 함께. 그후로 수만 년 동안 나는 지상계에 살고 있다. 그런데 살다보니 지상계도 그런대로 살만한 곳이고, 또한 주변 동물들과의 친분도 쌓여갔다. 그래서 요즘 고민은 옥황상제가 다시 올라오라고 하시면 갈 것인가 말 것인가이다. 보통 다른 동물이나 인간과는 달리 우리 종족은 수천 년까지도 살 수 있다. 그것은 천상계의 영험한 기운이 아직도 우리 몸에 남아 있기 때문이다.

처음 지상계에 내려왔을 때에는 옥황상제에 대한 서운함이 조금은 마음속에 남아 있었다. 그런데 지상계에서 수만 년을 지내는 사이에 이것도 전지전능하신 옥황상제의 배려임을 알게 되었다. 천상계와 지옥계의 전쟁 과정에서 옥황상제는 지상계에 대해 미처 신경쓸 틈이 없었다. 그 결과 지상계에는 사악함이 넘쳐나고, 야비함이 판쳤으며, 우직함이 조롱받는 세상이 되어버렸다. 서쪽 극락에 계시던 부처님은 이를 심히 걱정하셨으며, 그래서 솔선수범의 자세로 지상계에 우직함, 선의, 한결같음의 의미를 보여줄 수 있는 장수를 파견해 달라고 부탁하셨다. 옥황상제는 누구를 보내야 하나 고민 끝에 나를 보내기로 결정하셨던 것이다. 다만 지상계로 나를 보내는 것이 마음에 걸려서 직접 지상계로 내려가라고 말씀하시기보다는, 지옥계 장수가 말썽을 부리고 그것을 내가 그대로 보고 있지 않을 것임을 알고 상황을 그리 유도하셨던 것이다. 그리고 그러한 상황이 못내 미안하셔서 천군의 방패는 그대로 지닐 수 있게 해주셨고 몸도 자유자재로 조절할 수 있고, 신과 같이 장수하도록 하신 것이다. 또한 수만 년 후 천상계로 복귀할 수 있는 옵션도 부여하셨다.

지상에 내려오면서 방패는 내 몸을 감싸는 형태로 변하였다. 그래서 방패에 갇힌 내 몸은 천상계에서처럼 자유자재로 늘리거나 줄일 수 없다. 다만 방패가 감싸지 않은 목 부분은 아직도 자유자재로 조절할 수 있다. 내 눈은 천국에서와 같이 맑고 그윽하며, 자세히 들여다보면 천국의 메시지도 읽을 수 있다. 다만 어리석은 인간들이 깊은 곳에 다다르지 못하는 것일 뿐 ……

이야기의 덤으로 거북이와 토끼의 경주에 대한 얘기를 덧붙인다. 이솝의 우화에 대해서는 모두 잘 알고 있으리라 생각한다. 나보다 빠를 거라고 자만한 토끼가 달리기 시합을 나에게 제안한다. 그리고 시합 도중에 자만에 빠져 쉬다가 잠이 들고 그 사이 내가 추월해서 이긴다는 내용으로 알려져 있다. 이 이야기는 이솝이 어린이들에게 꾸준함의 중요성을 알려주기 위해 지어낸 것으로 알려져 있다. 그런데 사실은 실제로 나와 토끼의 시합이 있었고 그 시합의 심판은 이솝이었다. 보다 정확하게 얘기하자면 누가 빨리 목표에 도달하는가에 대한 시합이었다. 시합에 대한 계약서를 보면, 꼭 달려야 한다는 조항은 없고 다만 누가 빨리 목표점에 도달하는가로 승부를 낸다는 규정뿐이다. (계약서 사본은 복사해서 내 갑옷 속에 보관하고 있다). 나보다 빠르게 먼저 달려나간 토끼가 한참을 가다가 잠이 든 것은 사실이다. 토끼가 잠든 틈을 이용하여 나는 나의 공중비행술을 이용하여 전광석화와 같이 빠른 속도로 날아갔다. 아마 이솝도 내가 날아가는 모습은 보지 못했을 것이다. 목표점 부근에 도달해서 나는 공중비행을 멈추고 다리로 기어갔는데 이를 이솝이 본 것이다. 내가 날 수 있다는 사실을 미리 귀띔하지 않은 데 대해서는 토끼에게 살짝 미안하기는 하다. 그런데 날 수 있는 능력을 남에게 들키지 않아야 한다는 것은 옥황상제와 나의 약속이었기 때문에 말할 수 없었다. 이솝이야기는 실제 경주이야기를 기록한 것이다. 이솝은 내가 부지런히 기어온 것으로 착각을 하였는데, 어린이에게 교훈이 되기도 하는데다가, 또 날 수 있는 능력에 대해 직접 말할 수도 없어서 나는 빙그레 웃기만 하였다.

견우와 직녀의 영원한 사랑

천국과 지하세계의 전쟁이 20만 년째 계속되고 있었다. 수많은 천사들과 신선들이 전쟁의 와중에 죽거나 다쳤다. 지하세계의 마귀와 악귀들도 무수히 많이 죽거나 다쳤다. 천국의 옥황상제와 지하세계의 지옥마왕은 더 이상 전쟁을 지속하기 힘든 상태가 되자 휴전협상을 하여 10만 년간 휴전을 하기로 합의하였다. 휴전기간 동안 각 진영은 각각 자기네 세력을 키우기 위하여 힘써 노력하였다. 천국에서는 수많은 새로운 천사들이 배출되었으며, 지하세계에서는 그들만의 방식으로 마귀와 악귀들이 많이 배출되었다.

견우는 원래 천상의 목장에서 소를 키우는 목동이었다. 천상의 소에서 나온 천유는 새로 태어난 천사들을 키우는 데 사용되었다. 직녀는 천사들이 입을 갑옷을 만드는 것이 주요 업무였다. 수많은 천사들을 키우고 또 입혀야 했으므로 천국의 목장과 직조소에서는 수많은 견우와 직녀들이 일하고 있었다. 지하세계와의 전쟁에 대비하는 일이 급하였으므로 견우들과 직녀들의 연애는 금지되어 있었다. 대신 100년에 한 번씩 대천사의 주재로 견우와 직녀들의 합동 데이트와 결혼식이 열렸다. 결혼 이후에도 견우들과 직녀들은 정해진 날에만 만날 수 있었다. 그건 전쟁준비에 소홀함이 없도록 하려는 천국 정부의 결정이었다. 견우들과 직녀들 사이에서 태어난 남자아이는 견우로 키워지고 여자아이는 직녀로 키워졌다. 말하자면 견우와 직녀는 하늘나라의 힘든 일을 도맡아 하는 자리였다.

이들 견우와 직녀들 중 돌연변이가 하나씩 나타났다. 편의상 이들도 그냥 견우, 직녀로 부르기로 하자. 둘은 우연한 기회에 만났고 운명적으로 서로에게 끌림을 느꼈다. 개인적인 연애가 금지되어 있음에도 불구하고 둘은 몰래 사랑을 키워갔다. 둘은 운명적으로 서로 사랑하는 사이가 되었다. 그렇지만 견우와 직녀의 사랑은 공식 허가를 받지 않은 금지된 사랑이었다.

견우는 천국의 목장 가장자리에 있는 정원에 몰래 둘만의 공간을 만들었다. 조금 작은 소파를 갖다놓고 견우와 직녀는 같은 방향을 보고 앉아서 사랑을 속삭였다.

둘이 밀회를 하던 중에 견우는 지하세계에서 온 자객이 숨어 있는 것을 발견한다. 지옥마왕이 옥황상제를 암살하려고 보낸 자객이었다. 견우와 자객 간에 격투가 벌어졌다. 그렇지만 단련된 자객에게 견우는 상대가 될 수 없었다. 자객은 백련정강으로 만든 비도를 날리며 견우를 쓰러뜨리려고 하였다. 견우는 마침 품에 지니고 있던 무쇠 뿔로 비도를 막으며 간신히 버티고 있었다. 이 틈에 직녀는 달아나서 자객이 침입했음을 알렸다. 견우가 막 자객의 칼에 쓰러질 찰나에 지원군이 도착하자 자객은 황급히 지하세계로 달아났다. 비밀스런 암살계획이 탄로나자 자객은 다시 지하세계로 도망간 것이다.

견우는 나름대로 큰 공을 세운 것이었다. 그러나 동시에 견우와 직녀가 저지른 잘못도 드러났다. 금지된 사랑을 하고 있었던 것이 발각된 것이다. 천상계의 관리들은 견우와 직녀를 벌주어야 한다고 힘주어 말하였다. 옥황상제는 자신의 목숨을 구해준 견우에게 무언가 보답을 하고 싶었으나 규정 때문에 보너스도 주지 못하였으며, 하늘나라의 임금 총액을 정한 예산에 묶여서 월급도 올려줄 수 없고 벌만을 주어야 했다.

그래서 하늘나라 밖으로 견우와 직녀를 추방하였다. 하늘나라 감사실 관리들은 규정을 어긴 견우와 직녀가 서로 만날 수 없게 떨어뜨려 놓아야 한다고 주장했다. 옥황상제도 마지못해 둘이 떨어져 있게 했다. 그러나 옥황상제는 마지막 순간에 약간의 융통성을 발휘하였다. 그래서 1년에 하루는 서로 만날 수 있게 하자고 제안했고 관리들도 이를 받아들였다. 그래서 견우와 직녀는 1년에 하루 칠월칠석에 볼 수 있게 된 것이다

하늘나라에서 추방된 견우와 직녀, 그중에서도 견우는 처음에는 매우 낙담했다. 그래서 매일 맥주만 마시면서 할 일 없이 지냈다. 그러다가 자신이 지닌 화학지식을 이용해서 잠자는 약을 만들었다. 그래서 일년에 363일은 잠들어 있다가 직녀를 만나기 하루 전에 깨어서 하루 동안 만날 계획을 세우고 칠석날에 만나고 또 헤어진 후에는 다시 잠들기를 1,000년을 반복했다.

그러던 어느 해 견우와 직녀는 드디어 깨달은 바가 있었다. 그것은 자기들을 만날 수 있게 하기 위해 까치들이 너무나도 수고한다는 사실이었다. 그래서 둘은 까치들의 수고를 덜어줄 방안을 찾기에 이르렀다. 그래서 생각해 낸 것이 큰 다리를 놓는 것이었다. 그때부터 둘은 부지런히 다리를 설계하고, 벽돌을 찍어내고, 강철와이어를 만들며 분주히 움직였다. 364일은 어느 틈에 지나가고 칠석의 하루 휴가 동안 둘은 모처럼의 휴식을 맛보며 서로에 대한 사랑을 더욱 다졌다.

다리 만들기에 1,000년을 매진한 결과 마침내 오작교가 만들어졌다. 까치가 만든 임시 다리가 아니라 철근콘크리트와 강철와이어, 그리고 눈부신 유리로 만들어진 현대식 다리였다. 둘은 그 다리를 걸어서 마침내 다리 가운데서 만났다. 까치들은 이제 더 이상 고생하지 않아도 되었다.

그러는 사이 천국과 지하세계의 휴전은 금이 가고 마침내 다시 전쟁이 시작되었다. 천국의 군대는 견우와 직녀가 만든 다리를 이용하여 중장갑 탱크를 앞세워 지하세계로 진격하여 지옥마왕의 군대를 크게 물리쳤다. 이에 옥황상제는 매우 기뻐하며 견우와 직녀에게 큰 상을 내리려 하였다. "이제 너희들은 매일 아무 거리낌 없이 만나도록 해라. 이건 내가 주는 큰 상이다."

그러자 견우와 직녀는 의외의 말을 하였다. "옥황상제님의 뜻은 고마우나 이제 굳이 그리 안 하셔도 됩니다." 의아한 옥황상제가 "왜?" 하고 다시 묻자 그들은 약속이라도 한 듯 한목소리로 말하였다.

"억겁의 세월 동안 우리들의 마음 속에는 서로에 대한 그리움이 싹트고 자라서 이제 우리는 서로 떨어져 있어도 마음이 통하며, 우리 사랑을 멀리 전할 수 있습니다. 하루의 시간이 짧다고 느낄 수도 있으나 정성스레 364일 동안 만남을 준비하는 즐거움도 나름대로 크답니다. 그리고 앞으로도 영원히 우리는 만날 수 있으니까요 ……"

그러자 옥황상제는 머리를 끄덕였다. "그래 너희 말이 맞을지 모르겠다. 천사와 선녀가 결혼한 커플도 2,000년쯤 지나니 서로의 사랑이 식고 무미건조한 사이가 되던데 너희들은 사랑을 무한히 지속할 수 있으니까 ……"

이후에도 견우와 직녀는 영원히 서로 사랑하는 사이로 남았다는 전설이다.

동작대교

아침 저녁
무심히
건너던 동작대교

저녁 나절 여의도 빌딩 숲에
석양이 불그스레 아름답게 물들어도
그저 그런가
지나치기 일쑤였지
조그마한 성취에 취해
경박하게 우쭐대는 맘을 지녔던 그때는 ……

조그마한 성취는 연기처럼 사라지고
바람처럼 자존감도 공중에 흩날려진 후에야
비로소 보이는 동작대교 주변 풍경들

문득 동작역에 내려
다리 위의 카페에서
맥주 한 잔 천천히 마시며

삶의 아픔을
목젖부터 차갑게 느껴본다.

그냥 이 순간에 시간이 멈추어도
괜찮을 것 같다는 생각도 잠시
그래도 여의도쪽 석양이 너무 아름다워서
다시 내일의 석양을 보고 싶은 마음 ……

A4 인생용지

인생의 지나온 여정을
A4용지에 차곡차곡 적는다
이제 절반쯤은 내용이 차 있고
언제 끝날지 모르는 인생이기에
절반은 하얀 백지로 남겨진 상태

빽빽히 적힌 내용 중엔
맘에 드는 일도 있고
부끄러운 일도 있고 ……
그렇지만 모두 나의 인생여정

지나온 여정은 접어서 밑으로 넣고
흰 공간만 보이게
그대 앞으로 내밀고 싶은 마음
인생용지의 절반은 아직 순수한 백지라고

나이테

여름에 활발히 자라던 나무는
추운 겨울 맞아 움츠러들고
그 흔적은 나이테로 남는구나.

어려운 계절은 반복되지만
그래도 따뜻한 계절은 다시 오고

나무는 더 크게 자라는구나.
동심원 나이테 더하면서

크리스탈 잔으로 건배를

쨍 ~ ~ ~
두 개의 크리스탈 잔이
마주 부딪는 청아한 음향

귓속을 맴도는 그 여운 너무 좋아
다시 한 번
쨍 ~ ~ ~

맑고 고운 소리 또 듣고자
다시 잔 잡아 올려

조심스레 내미는 그대의 잔에
힘차게 마주친 순간

아뿔사!
퍼억
둔탁한 소리나며
맑은 크리스탈 잔엔 굵은 금 주욱 가고

흰 식탁보에는
붉은 포도주가 피처럼 뚜욱 뚝 뚝

그래도 건배는
크리스탈 잔으로 하고 싶구나
이젠 큰 소리보다는 은은한 여운을 위해
조금 더 부드럽게

내 마음의 정원

나는 정원지기
내 마음 깊은 곳에
아늑하고 평화로운 정원 가꾸는

정원을 가로지른 시내에는
언제나 맑은 물 졸졸 흐르고
아름다운 호수에는 은빛 물고기떼 헤엄치며
시냇가 버드나무에는 봄빛 올라
소담한 푸르름 뽐내는구나.

생生이 그대를 지치고 힘들고 화나게 할 때
그대로 참거나 견디려 하지 말고
화내고 울고 슬퍼하고 힘들다 불평하고
내 마음속 정원을 찾아 편히 쉬기를

아름드리 나무에 걸린 해먹hammock에서
달콤한 낮잠에 취해 보시게.
호숫가 흔들의자에선 무념무상으로 흔들흔들

그리고 가끔은 정원지기와 따스한 포옹도

알고 있지요?
정원지기는 우리 둘을 위해 정원을 가꾸고 있고
정원으로 들어가는 문은
우리 둘에게만 활짝 열린다는 걸

나무와 구름

어느 양지바른 산기슭에 아담한 나무 한 그루가 자라고 있었습니다.

근처에는 맑은 시냇물이 흐르고, 조금 떨어진 곳에는 큰 바위가 있었습니다.

바위는 가끔 나무에게 말도 걸고 친구가 되어주긴 하지만

나무에게 찾아오지는 않았지요.

마침 나무 위로 지나다니는 흰 구름이 있었습니다.

그 구름은 위는 솜사탕처럼 순결한 흰색이었지만

이곳저곳을 떠돌다 보니 구름 아래 부분에는 흙먼지를 조금 묻히고 다니는 중이었죠.

흰 구름은 나무와 친구가 되고 싶었지만 부끄러움에 말은 못 붙이고

그냥 구름 자락으로 나뭇잎을 쓰다듬으며 지나다녔답니다.

가끔씩은 나무 위에 머물며 한두 마디 대화를 던지기도 하였습니다.

그러던 어느 날 흰 구름은 문득 나무에게서

막연한 그리움과 외로움을 발견하고 어떤 동질감을 느꼈답니다.

그래서 더 가까이 다가가 보기로 하였습니다.

구름은 안개비 되어 나무를 감싸고 대화를 나누었지요.

안개비는 차츰 굵어져 세찬 비가 되어 나무를 적시고

또 폭풍우가 되어 나무를 흔들기도 하였습니다.

폭풍우가 지난 후엔 구름은 다시 안개처럼 나무를 감싸고

나무는 더 깊은 곳으로 뿌리내리고 의젓하고 성숙한 나무가 되었습니다.

구름 자락 속의 흙먼지도 어느새 모두 사라졌습니다.

이제 둘은 서로를 잘 이해하는 사이가 되었습니다.

구름은 훌쩍 큰 나뭇가지 끝에서 쉬고 있습니다.

둘은 많은 대화를 하지 않습니다.

아니 많은 대화가 필요없는 사이가 되었답니다.

선수였으면

1

내가 선수였으면 그대에게 좀 더 세련되게 다가갔을 텐데. 우리 사이에서 오해로 생긴 많은 다툼도 피할 수 있었을 텐데. 우리의 사랑이 미지의 세계에서 길을 잃고 우왕좌왕하는 것도 피할 수 있었을 텐데. 차라리 내가 선수였으면 우리 관계를 좀 더 우아하고 매끄럽게 이끌어갔을 텐데. 우리 사이에 있었던 많은 갈등도 피할 수 있었을 텐데.

2

그렇지만 내가 선수였으면, 커피숍에서 머그잔을 넘어 ET처럼 손을 뻗어 그대 손끝에 내 손끝이 닿았을 때 느끼는 희열을 알 수 있었을까? 그때 내 심장박동이 빨라지는 걸 들키지 않으려고 어색하게 웃으며 느끼는 한없는 희열을 알 수 있었을까? 사랑하는 사람과 미지의 세계로 같이 들어가는 긴장과 설렘, 기대감도 알 수 있었을까? 나의 거칠고 투박한 실수가 가져온 참담함, 사랑하는 사람의 용서가 주는 환희를 알 수 있었을까?

3

선수가 아닌 나는, 서툴지만 내 방식대로 그대에게 다가가고 그대를 사랑할 거야. 신이 내게 선수가 될 수 있는 기회를 주더라도, 나는 지금처럼 그대에게 다가갈 거야. 다소 투박하고 서툴더라도 내 방식대로 그대를 사랑하는 지금의 행복을 그리며 노래할 거야. 과정이 고생스럽더라도 선수처럼 다가가고 싶지는 않아. 고생스런 과정에서도 행복하니까.

4

다만 내가 그대에게 다가가는 방식의 투박함은 다듬고 그대가 더 편하게 내게 다가올 수 있도록 하고 싶어. 얘기해 줘, 내가 다듬어야 할 것들을. 그리고 나를 다듬는 동안은 내 투박함을 조금은 따스한 눈길로 봐주고 품어주기 바래. 더 큰 욕심을 내자면, 그대 마음의 문도 조금 더 열어주기 바래.

바위되리라

다시 태어난다면
나는 바위되리라.

먼지처럼 자잘한 아픔 괴로움 고통이
켜켜이 쌓이고 굳어져
어느새 단단하고 조그만 바위가 되리니

인생의 홍수에 떠밀리던 바위는
양지바른 산골에 한 뼘 자리 차지하고
상채기 난 틈새로 이끼도 찾아오고
어느 틈에 蘭도 뿌리내리니
바위는 蘭의 향기에 흠뻑 취하리라.

바위 속의 먼지같은 고통들은
언젠가는 알알이 다시 흩어지리니
태초에 바위가 떠나온
원자의 고향으로 돌아가려나

환희 절망 아쉬움 기쁨 욕망 좌절 괴로움 모두
은은한 蘭의 향기와 같은 고향식구

바위되고 싶구나.
蘭 키우는 작은 욕심가진

하늘길 따라

그곳은 하늘과 맞닿은 채
광활하게 펼쳐진
끝모를 억새풀의 향연

억새풀 사이길에서
조심스레
그대의 팔꿈치를
내 손끝으로 살짝 그러나 힘주어 잡았으니
내 손끝이 무안할까 걱정했음일까
그대도 내 손끝 모르는 체 받아들이고

언제 같이 다시 올 수는 있을까
짧은 우리의 인생에서

그래도 오늘 그대와 하늘길에 들러
잠시나마 마음의 평안을 얻는구나

인생은 아름다워라.

지금 이 순간에는

그 섬에서 행복했노라

그 섬에서
잔잔한 물결의 흐름을 처음 느꼈고
그 섬에서
눈부신 석양의 아름다움을 깨달았지만

작은 모래섬에서의 행복은
모래가 물에 잦아들며
서서히 그러나
흔적없이 사라져버리고

그래도
물 빠지면
언젠가는 다시 나타날 작은 섬

작은 섬에서 느낀 행복감은
모르핀보다도 강렬해서
생의 고통과 쓰라림을 넘어서
아스라한 환희까지도 맛보았구나.

작은 모래섬에서의 행복이
찰나의 순간이었다 해도
혹은 다시 오지 않는다 해도

아픈 행복의 기억은 영원하며
발목에 찰랑거린 물결의 느낌도
영원히 기억되리라.
기억이 먼지처럼 흩날리는 날까지

동작대교 Ⅱ

하나의 세상에서
다른 세상으로 이어주는 고마운 다리
그 다리를 넘자마자
아뿔사!
검은 땅속으로 깊숙이 파고드는구나.

다른 세상의 삶에 지칠 때 쯤에는
다시 다리 건너
원래 떠나온 곳으로 돌아오는 지친 여정
이번에도 건너자마자
다시금 컴컴한 터널 속으로

이제는 삶의 무게에
어느 정도 익숙해질 만도 하건만
내딛는 발걸음은 더 무겁게 느껴지고
조그만 마음의 상처에서는
붉은 피 방울방울 떨어지니

언제쯤에나

평안함을 느낄 수 있을까?

아니

너무 많은 걸 바라고 있는 걸까?

제트기류

한때는
조그마한 성취에 취해서
생에 대한 외경심을 내려놓기도 했지.

겉으론 겸손한 척 했지만
아마도
오만함이 밖으로 넘쳐났을 터
돌아보면 많이 부끄럽기도 해라.

은근 내세우던 성취가
물에 잠긴 모래섬처럼 사라진 후에야
비로소 깨달은 인생의 무게

맞닥뜨리기 싫은 현실을
부닥쳐야 하는 곳으로 가는
비행기 안에서는
그냥
공항에 내리지 않았으면 하는 마음도

그러나 웬걸!
심하게 흔들리는 비행기에서
어느 틈엔가 안전벨트 조여매고
좌석 손걸이 꽉 쥐고 있는 날 발견했고 ……

조물주의 설계는 완벽하여라.
나의 생존본능은
위기의 순간에 완전발현!
삶의 무게에 지쳤다는 내 마음도
반쯤은 허세일 수도 ……

경춘선 상봉역

상봉역 가득히
미지의 세계로 떠나려는 설레임

기껏
한 시간여 만에
설레임의 끝이 다가오지만

그래도 설레임의 끝은
또 다른 설레임의 시작일 수도

끝이 보이는 터널도
때로는
무한히 길게 느껴지기도

근데 나는 어찌
인생의 종착역을 향해
조그만 설레임도 없이
이리 조용히 다가가고 있을까?

까르보나라

힘든 하루를 마치고
저녁식탁에 앉으니
오늘의 메뉴는 까르보나라

보드라운 크림은
스르르 입안으로 가득 퍼지고
살짝 덜 삶긴 국수도
그런대로 괜찮은 듯 느껴지는데

간간히 씹히는
짭조름한 베이컨 조각들

소금에 절여지는 순간에
얼마나 따가웠을까 생각하니
순간 마음의 상처도 덧나고
소금 뿌린 듯 아픔이 다시 살아나는구나

너의 상처가 전기처럼 옮아 와

이제 더는 너를 씹지 못하겠구나

그래도 크림소스는
부드럽게 입안을 맴돌면서
마음의 상처를 어루만지는구나

강 안개

봄날 이른 아침
대성리 강변은
보드라운 안개 속에
포근히 잠겨 있네.

조그만 조각배에
기타 하나 싣고
조심스레 그대 손 잡아 배에 태우고
천천히 노 저어
강 가운데로 나아간다.

강물은 차분히 흐르고
물안개는 사방에서
연기처럼 피어오르는
몽환적 분위기에
우리 모두 취하고

서툰 아르페지오 솜씨로

기타 줄 찬찬히 훑으며
그대에게
속삭이듯 부르는 노래

우리 배는
이대로 흘러
양수리까지 갈련가?
그냥 이 순간이 영원하였으면 ……

황혼

걷잡을 수 없는
마음의 흐름에
무작정 나를 맡기던 때
그때는 인생을 알지 못했었지

살아가는 방법에 조금씩 익숙해지며
익숙함을 멀리하고픈 욕심도
조금씩 스멀거리며 머리 내밀고

건조한 삶의 과정은
커다란 마음의 흔들림을
준비하는 나름의 단계였던가?

나의 갈구는 사랑일까?
황혼같이 찾아오는 인생의 끝부분
머릿속이 하얗게 비는 느낌
그것은 정말로 사랑일까?

보잘 것 없는

초라한 인생길

마무리라도

황혼처럼

붉게 타오르면 좋으련만

봄 이별

화사한 햇살
흐드러진 꽃잎들

너무나 아름다운 날
영원히 같이 하고픈 날들
어느 틈에
이리 빨리 지나갔던가.

있는 힘껏 잡아도
무심히 멀어지는 봄

너무 안타까워하지는 말자.
다만 봄이 없을 뿐
마음속에는 남아 있으니

그리고
내년에 다시 만날테니까
후년에도 또 그 후에도